AF467477

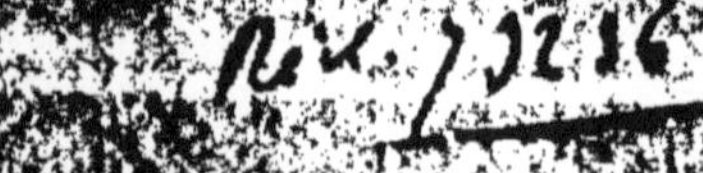

[...]LICATION DES OUVRAGES

De Peinture, Sculpture, Architecture, Gravure, Dessins, Arts Décoratifs, Arts appliqués à l'Industrie

EXPOSÉS

A L'HOTEL DE VILLE DE BAYONNE

LE 2[illegible] AOUT 1908

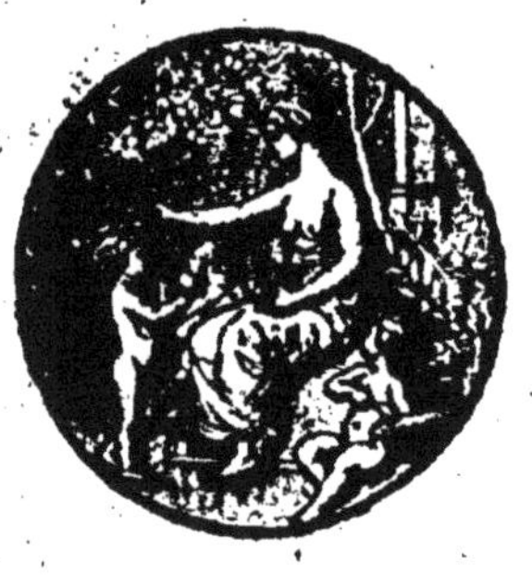

PREMIÈRE EXPOSITION

DE LA

SOCIÉTÉ DES AMIS DES ARTS

DE BAYONNE-BIARRITZ

EXPLICATION DES OUVRAGES

De Peinture, Sculpture, Architecture, Gravure, Dessins, Arts Décoratifs, Arts appliqués à l'Industrie

EXPOSÉS

A L'HOTEL DE VILLE DE BAYONNE

LE 25 AOUT 1903

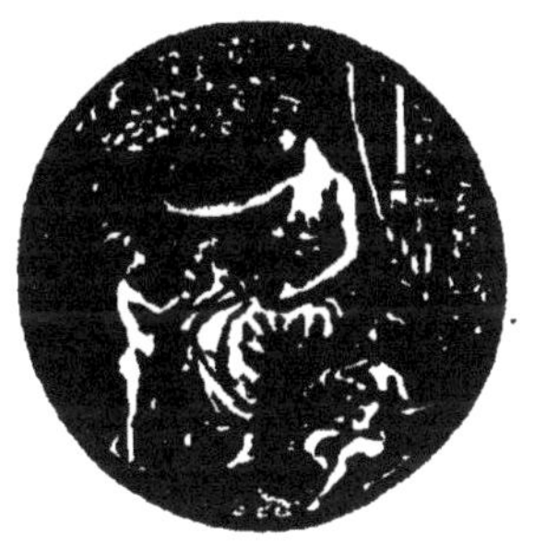

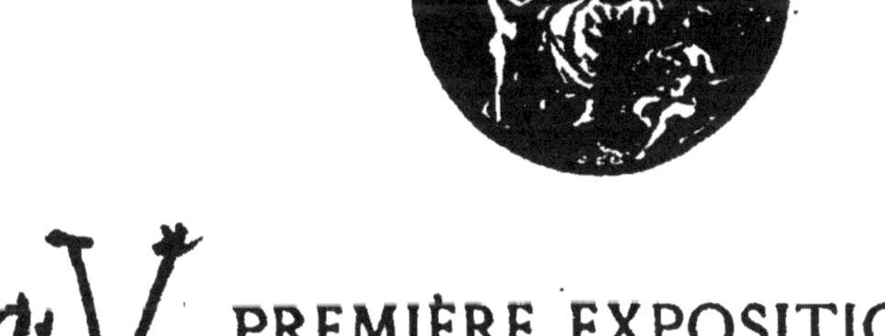

PREMIÈRE EXPOSITION

DE LA

SOCIÉTÉ DES AMIS DES ARTS

DE BAYONNE-BIARRITZ

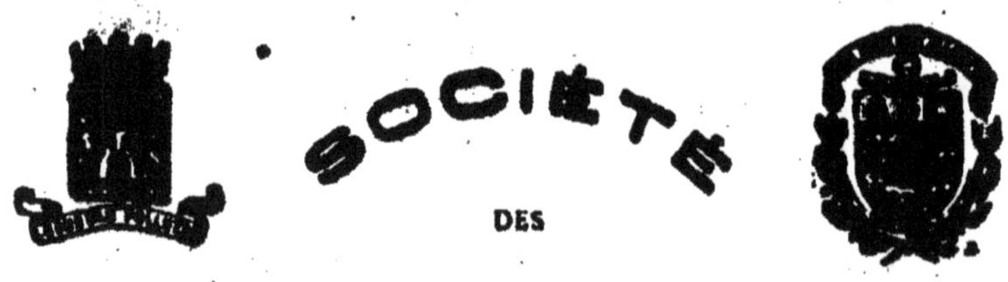

DES

Amis des Arts de Bayonne-Biarritz

STATUTS

Votés par l'Assemblée générale du 25 Septembre 1902

But de la Société

Article Premier. — Une Société des Amis des Arts est fondée à Bayonne-Biarritz dans l'objet de propager le goût des Arts et d'en favoriser la culture au moyen d'expositions publiques et d'acquisitions d'objets d'art choisis parmi ceux exposés.

Elle aura un caractère international.

Art. 2. — Les tableaux et objets d'art acquis par la Société sont partagés par la voie du sort entre tous les sociétaires porteurs de parts nominatives de vingt francs chacune.

Art. 3. — Chaque sociétaire aura la faculté de prendre plusieurs parts qui auront un droit égal dans la répartition.

Organisation de la Société

Art. 4. — La Société se compose de membres fondateurs, de membres souscripteurs et de membres correspondants.

Art. 5. — Les membres fondateurs sont ceux inscrits au moment de la première assemblée générale.

Les membres souscripteurs sont ceux qui feront partie de la Société après la première assemblée générale.

Les membres correspondants sont nommés par la commission administrative. Ils sont chargés de représenter la Société à Paris et d'y préparer les expositions. Ils font de droit partie du Jury.

Art. 6. — Tout membre souscripteur pourra devenir membre fondateur en souscrivant au moins deux parts annuelles.

Art. 7. — Les membres de la Société ne sont engagés que pour une année et pour le montant de leur souscription (l'année partant du 1er janvier).

Art. 8. — Les membres fondateurs sont seuls considérés comme membres actifs et ont seuls droit de prendre part à l'administration de la Société et aux délibérations des Assemblées Générales.

Administration de la Société

Art. 9. — La Société est administrée par une Commission composée de deux présidents choisis l'un pour Bayonne, l'autre pour Biarritz, et de quatorze membres nommés à la majorité des suffrages en assemblée générale des membres fondateurs personnellement convoqués et quel que soit le nombre des membres présents.

Art. 10. — Les Présidents et les membres de la Commission sont nommés pour quatre ans et choisissent entre eux un ou deux vice-présidents, un ou deux secrétaires et un trésorier.

Tous les membres sont indéfiniment rééligibles.

Art. 11. — La Commission pourra s'adjoindre chaque année six membres destinés à la seconder dans ses travaux au moment des expositions.

Art. 12. — Les artistes ayant exposé au salon de la Société des Artistes Français et à la Société Nationale des Beaux-Arts seront exempts de l'examen du Jury d'admission.

Art. 13. — Les Artistes membres du Bureau ne pourront prendre part aux travaux relatifs à l'achat des œuvres d'art, et ils ne pourront faire partie du Jury que s'ils sont exempts de l'examen du Jury d'admission.

Art. 14. — En cas de départ, décès ou démission, la Commission pourvoira elle-même au remplacement pendant la période courante.

Art. 15. — La Société se réserve en outre de nommer un Président, des Vice-Présidents et des membres d'honneur qui auront la faculté de prendre part aux travaux de la Commission.

Art. 16. — Les expositions auront lieu chaque année alternativement à Bayonne et à Biarritz.

Art. 17. — Le Président choisi pour Bayonne convoquera et présidera la Société l'année où l'exposition devra avoir lieu à Bayonne, et le Président choisi pour Biarritz convoquera et présidera la Société l'année où l'exposition devra avoir lieu à Biarritz.

Art. — 18. — Le Président de la ville où doit avoir lieu l'exposition sera seul en fonction et aura seul voix prépondérante en cas de partage. Il fixera l'ordre du jour des réunions.

Art. 19. — Les Secrétaires sont chargés de la correspondance, de la rédaction des procès-verbaux des Assemblées générales, de la Commission administrative et du soin des archives.

Art. 20. — Le Trésorier encaisse les fonds dont il reste personnellement responsable et acquitte les dépenses ordonnancées par le Président.

Travaux de la Commission

Art. 21. — La Commission administrative organise les expositions, arrête les dispositions qui font l'objet d'un règlement spécial, fixe l'ouverture des expositions et leur durée. Elle procède à la réception, à l'admission et au placement des envois.

Elle traite avec les artistes pour l'acquisition de leurs œuvres.

Elle procède, en Assemblée générale, au tirage au sort et à la répartition des objets acquis par la Société entre les Sociétaires en raison des souscriptions de chacun d'eux.

ART. 22. — Les décisions sont prises à la simple majorité des membres présents.

ART. 23. — Les recettes se composent :

1° Du montant des souscriptions ;

2° De la vente du livret ;

3° Des entrées et du vestiaire ;

4° Des subventions, dons, legs, etc., etc.

Biarritz.

ART. 24. — Les Sociétaires ayant acquitté le montant de leur souscription auront seuls droit à une carte d'entrée pendant toute la durée de l'exposition.

Emploi des Fonds

ART. 25. — Les fonds de la Société sont employés :

1° En achat de tableaux et objets d'art ;

2° En paiement des frais pour l'organisation des expositions, et dépenses accessoires, telles que : frais de bureau, de correspondance, d'avis, d'annonces, ou à tel fonds de réserve que la Commission jugera à propos d'établir.

ART. 26. — Ne pourront être achetés que les ouvrages faisant partie des expositions.

ART. 27. — Toute demande de modification aux présents statuts devra être préalablement remise à l'un des Présidents de la Société ; elle sera examinée par la Commission administrative qui devra la soumettre à la décision de l'Assemblée générale après en avoir fait mention dans les lettres de convocation.

ART. 28. — La Commission administrative ne pourra prendre de décision valable sans que tous ses membres aient été spécialement convoqués et sans que six au moins soient présents.

ART. 29. — Une Assemblée générale extraordinaire pourra être provoquée par une demande adressée à l'un des Présidents et portant les signatures d'au moins un tiers des membres fondateurs.

ART. 30. — Le siège de la Société est à Bayonne.

LISTE

DES

Membres de la Société

COMITÉ D'HONNEUR

ROUJON * O., membre de l'Institut, Directeur des Beaux-Arts....	membre honoraire
Léon BONNAT * G. C., artiste peintre, membre de l'Institut....	Président.
Armand DAYOT * O., inspecteur des Beaux-Arts..................	Vice-Présidents.
Albert MAIGNAN * O., artiste peintre..........................	
Gustave COLIN *, artiste peintre...	
ARCOS *, id	Membres.
BORDES *, id.	
JOLYET (), artiste peintre, conservateur du Musée.......	
ST-GERMIER *, artiste peintre.....	
SAUBÈS *, id.	

CONSEIL D'ADMINISTRATION

Ed. de RIBEAUX *....	Président pour Bayonne.
H. O'SHÊA *.....................	Président pour Biarritz.
A. LE BARILLIER, maire d'Anglet.	Vice-Président.
A. GOMMÈS..........................	Trésorier.
L. FERNANDEZ-PATTO............	Secrétaire-Général.
AGUERRÉGARAY........................	Secrétaires-Adjoints.
Bon de TURGY	

BURDETT-MASON............	Membres.
CORRÈGES............	
DÉTROYAT	
Marie GARAY......................	
Dr Georges LASSERRE.............	
MARIN-MOLINAS	
J. MAUMÉJEAN....................	
OURY ()...........................	
J. POYLO	

MEMBRES CORRESPONDANTS A PARIS

BERGÈS (Georges), CARO-DELVAILLE, ETCHEVERRY (Denis), MÈRE (Clément), PASCAU (Eugène), ROBY, ZO (H.-A.).

MEMBRES FONDATEURS

	Nombre de parts
ADER, (Ernest), villa Amade, Bayonne........	1
AGUERREGARAY (Ch.) artis. peint. avenue de la Négresse Biarritz..............................	1
ALCEDO (Marquise de), art. sculpt., villa Alcedo, Biarritz..	5
ALEXANDRE (Edmond), Londres..................	1
ARCOS (Santiago), Arcosenea, St-Jean-de-Luz et 46 ,rue Bassano, Paris........................	1
AUSTRUIT (W.), 17, rue de France, Biarritz.....	1
AVEZAC DE CASTERA (d'), château d'Angoumé, (Landes)..	1
BAILAC (Gustave), juge au tribunal de commerce, négociant, Bayonne............................	1
BARA (Anatole), 44, rue des Basques, Bayonne	1
BARON (Raymond), 6, rue Marca, Pau...........	1
BAILAC MILLION (Louis), art. peint. rue de l'Industrie, Biarritz..	1
BEGUET, Direc. du **Crédit Lyonnais**, Bayonne.	1
BELLAIRS (Nigel) banquier, Biarritz............	1
BENARDAKY (Mme DE), villa Bénardaky, rue de France, Biarritz......................................	1
BENOIT-LEVY (Abb.) art. sculpt., 30, avenue Malakoff, Paris..	1
BERGÈS (Georges), art. peint., Bayonne........	1
BERHO (François), juge au tribunal de commerce, courtier maritime, Bayonne..............	1
BERILLON (F.) antiquaire, rue Gambetta, Biarritz	1
BLAISE (Mme Ch.), rue d'Osuna. Biarritz.........	1
BLOCH (Henry), Grand-Hôtel, Biarritz, rue Taitbout, 66, Paris..	4
BLOCH (Mme), id., id..	1
BONNAT (Léon), membre de l'Institut, 48, rue Bassano, Paris..	1
BORDES (Ernest), art. peint., 87, rue Ampère, Paris	1
BORIE (D.), villa Juliette, route de Biarritz, Bayonne	1

BOULANT (A.) Directeur du Casino, Biarritz... 1
BROUSSAIN (J.) rue Bourg-Neuf, Bayonne...... 1
BURDETT-MASON, art. peint., à Larronduette, route de Cambo, Bayonne.......................... 1
BURDETT-MASON (Mme), à Larronduette, route 1 de Cambo, Bayonne.............................. 1
BURGUIERE (Mlle Marie), 1, rue de la Visitation, Bayonne.. 1
BURNEY, à Beyris.. 1
CAHEN (Ernest), négociant, ancien adjoint au maire de Bordeaux, 15, cours de Tourny, Bordeaux 1
CAHEN (Georges), négociant, 15, cours de Tourny, Bordeaux.. 1
CAMPAGNE (Félix), Hôtel du Casino, Biarritz 1
CAMPAGNE (Paul), Hôtel d'Angleterre, Biarritz 1
CAMPAN (Félix), pharmacien, Bayonne........... 1
CANTON (Mme Amélie), v. Haitzura, Biarritz 2
CARO-DELVAILLE art. peint., villa des Platanes, Bayonne et 29, av. Henry Martin, Paris 1
CARVAILLO (Amédée), 28, boulevard Jean d'Amou, Bayonne 1
CASTELNAU d'ESSENAULT (comte), capitaine, rue Vainsot, Bayonne.............................. 1
CAZALIS (F.-J.), architecte, villa Saint- Louis, rue Cambarre, Biarritz.............................. 1
CHARLESTEGUY (Xavier), rue Lormand, Bayonne 1
CHERFILS, art. peint., 233, faubourg Saint-Honoré, Paris.. 1
CHEVARRIER (Ernest), villa Aritzari, Biarritz 1
CLERISSE (Henry), notaire, Bayonne............. 1
COLIN (Gustave), art. peint., St-Jean-de-Luz 1
COLMONT (de SAINT-JULLE de), directeur de la Banque de France, Bayonne.................... 1
CONSTANTIN (Louis), 1, rue Jacques Laffitte, Bayonne 1
COMBES (Arnaud), 6, rue Thiers, Bayonne.... 1
CORREGES ,art. peint., 8, rue Bourg-Neuf, Bayonne 1
COUAQUE, café Farnié, Bayonne................ 1
COUAQUE (Mme), Bayonne........................ 1

COUZAIN, Hôtel des Princes, rue Gambetta, Biarritz 1
CROIZIER (marquis de) Saint-Etienne, Bayonne 1
DAGUENET (Pierre), notaire, Bayonne 1
DAYOT, inspecteur des Beaux-Arts, 8, boulevard Flandrin, Paris 1
DELVAILLE (Docteur Camille), 13, rue Victor Hugo, Bayonne.. 1
DELVAILLE (Mme Camille), 13, rue Victor Hugo, Bayonne 1
DELVAILLE (Fernand), banquier, Bayonne..... 1
DERRECAGAIX, général, chalet Lesquerdo, Anglet 1
DÉTROYAT (Arnaud), banquier, Bayonne......... 1
DEVILLE DE BELLECHASSE, villa Sofia, Anglet 1
DHIRIART (Robert), avocat, Biarritz.............. 1
DIHARCE (Léon), 3, rue Argenterie, Bayonne 1
DOUBRERE (François), 43, boulevard Alsace-Lorraine, Bayonne.. 1
DOURS (Louis), agent d'assurances, Bayonne... 1
DREYSSE (Colonel), au Grand-Broca, St-Etienne, Bayonne.. 1
DUCHEN, tailleur, place d'Armes, Bayonne.... 1
DUCOURAU (Emile), villa Mathilde, St-Jean-de-Luz 1
DUFOUR (Albert), adjoint au maire d'Anglet, Anglet 1
DUHALDE (Mlle Clémy), r. Port-Neuf, Bayonne 1
DUHALDE (Mlle Clarisse), chez Mlle Burguière, 1, rue de la Visitation, Bayonne............. 1
DUPUY, notaire, Bayonne.............................. 1
DUTOURNIER (Doctr Adrien), 23, rue Thiers, Bayonne 1
ETCHEVERRY (Denis), artiste peintre, rue Falguière, 9, Paris.. 1
FERNANDEZ-PATTO (Lucien), artiste sculpteur, propriétaire, Hayet, Bayonne, 81, avenue Malakoff, Paris.. 4
FERNANDEZ-PATTO (Mme Lucien), id., id....... 1

FERNANDEZ-PATTO (Gaston), 3, rue de la Faisanderie, Paris ... 1
FOLTZER, greffier au Tribunal, 6, rue Notre-Dame, Bayonne ... 1
FORSANS (Pierre, adjoint au maire, conseiller général, villa Djali, rue d'Ager, Biarritz ... 1
FORSANS (Mme), id., id. ... 1
FOURNEAU, Hôtel Victoria, Biarritz ... 1
FOURNEAU (Léon), maison Monhau, Biarritz ... 1
FOY (Edmond), président de la Chambre de Commerce, Lavignotte, Bayonne ... 1
FOY (Mme Edmond), id., id ... 1
FRINGUET (Paul), juge au Tribunal de Commerce, Bayonne ... 1
FROIS (Georges), place Saint-Esprit, Bayonne ... 1
GARAY (Mlle Marie), artiste peintre, rue de l'Evêché, Bayonne ... 1
GARCIA DE ISLA (J.), armateur, Bayonne ... 1
GARDILANNE (Alfred de), villa Sans-Souci, Dax 1
GELOS et DUFILS, horticulteurs, Biarritz ... 1
GOMMES (Jules), banquier, Bayonne ... 3
GOMMES (Armand), banquier, Bayonne ... 1
GOMMES (Mme Armand) ... 1
GOMMES (Mlle Marthe) ... 1
GOMMES (Marcel) ... 1
GOMMES (Alfred), avocat à la Cour, 17, rue Boudet, Bordeaux ... 1
GRATTAU (F.), 7, r. Frédéric Bastiat, Bayonne 1
GRUMBACH (Paul), commandant au 86e de ligne, Le Puy ... 1
GUESNU (Mme), place de la Liberté, Biarritz ... 1
GUICHENNE (Léon), avocat, Bayonne ... 1
GUILHOU (Ernest), Le Boucau ... 8
GUILHOU (Mme Ernest) id ... 1
GUILHOU (Mlle Marthe), id ... 1
HABASQUE (Fernand), Courbois, Anglet ... 1
HABASQUE (Mme Fernand), id., id ... 1
HAULON, sénateur, Bayonne ... 1
HAULON (Fernand), juge au Tribunal de Commerce, rue Lormand, Bayonne ... 1
HAULON (Albert), notaire, Bayonne ... 1

HERELLE (Georges), professeur de philosophie au Lycée, 23, rue Vieille-Boucherie, Bayonne 1
HUDELIST (Mme), artiste peintre, villa Belmont, Biarritz 1
HAYET (Jean), 18, rue Bourg-Neuf, Bayonne... 1
HEINE (G.), 21, avenue Hoche, Paris............ 5
HUGUES, caissier à la Banque de France, artiste peintre, Bayonne.......................... 1
ITHURBIDE (Ch. D'), négociant, Bayonne.......... 1
JOLLIVET, capitaine au 49e de ligne, Bayonne 1
JOLYET, (P.), conservateur du Musée, artiste peintre, 6, rue Thiers, Bayonne.................. 1
JOLYET (Mme), id., id.................................... 1
JUNQUET, artiste peintre, villa des Fleurettes, rue des Jardins, Biarritz.......................... 1
JUNQUET (Mme), id., id.................................. 1
KLOTZ (S.), 57, rue Maubec, Bayonne........... 1
LABADIE, encadreur, rue Gambetta, Bayonne 1
LABAT (Félix), route du Phare, Biarritz, calle Alcala, Madrid.. 1
LABAT (Mme Félix), id., id............................. 1
LABORDE (Joachim), avocat, Bayonne........... 1
LABORDE (Charles), directeur de la Société Générale, rue Vainsot, Bayonne.................. 1
LABORDÈRE (Pierre), ingénieur des Ponts et Chaussées, Bayonne................................. 1
LABROUCHE (Paul), Lahubiague, Lachepaillet, Bayonne 1
LABROUCHE (Pierre), artiste peintre, 24, rue Ampère, Paris.. 2
LABROUCHE (Maurice), château de Castillon, Tarnos 1
LABROUCHE (Mme Maurice), id., id.............. 1
LACAPELLE (Louis), Hôtel de Bayonne, Biarritz 1
LACOMBE (Mme), 95, boulevard Haussmann, Paris 1
LAFITTE, automobiles, Biarritz.................. ... 1
LAFONT (Ch.), notaire, Bordeaux.................. 1
LAGELOUZE (Mme Eugène), Saint-Forcets, Bayonne 1

LAGROLET (Eugène), 3, Allées Boufflers, Bayonne 1
LAGROLET (Alfred), id., id........ 1
LAGROLET (Charles), id., id........ 1
LAMAIGNÈRE (Alfred), directeur du « Courrier de Bayonne », rue Jacques Laffitte, Bayonne 1
LAMANSKY (Mme), Biarritz........ 1
LARRALDE (Martin), villa d'Arancette, Saint-Léon, Bayonne........ 1
LARRÉ (l'abbé Gaston), villa Paul, Biarritz...... 1
LASSERRE (Docteur Georges), Bayonne........ 1
LASSERRE (Mme Georges), id........ 1
LASSERRE (Albert, négociant, Allées Boufflers, Bayonne 1
LASSERRE (Mme Albert), id., id........ 1
LASSERRE (Docteur Paul), maison Personnaz, Bayonne 1
LASSERRE (Marcel), inspecteur régional de la « Mutual Life », 16, rue de Frias, Biarritz 1
LASSERRE (Louis), imprimeur, Bayonne........ 1
LATXAGUE (Isidore), avocat, Bayonne........ 1
LAUDUMIEY, pharmacien, Bayonne........ 1
LAUGIER (P.), 1, rue Mazagran, Biarritz........ 1
LAVERGNE (Docteur Fernand), 1, rue des Chantiers, Biarritz........ 1
LAZARD (Mme Simon), 48, rue des Belles-Feuilles, Paris........ 2
LE BARILLIER (Albert), maire d'Anglet, Anglet 1
LE BARILLIER (Mme Albert) id........ 1
LE BEUF (Lucien), industriel, Bayonne........ 1
LE BEUF (J.), docteur, rue Vainsot, Bayonne 1
LÉGASSE (St-Martin), armateur, Bayonne...... 1
LÉGASSE (Arnaud), rue Jacques Laffitte, Bayonne 1
LÉGLISE (Henri), St-Martin-de-Seignanx........ 5
LÉGLISE (Félix), député des Landes, Biarritz.. 1
LÉGLISE (Mme Félix), id........ 1
LEGRAND (Jules), député des Basse-Pyrénées, Bayonne 1
LEON (David-Auguste), 27, cours du Jardin Public, Bordeaux........ 1

LEON (Louis-Adrien), 14, cours du Jardin Public, Bordeaux 1
LEON (Emile), 14, rue Vainsot, Bayonne........ 1
LEON (Mme Emile), id., id.............................. 1
LEON (Henri), 4, avenue de Paris, Biarritz....... 1
LEVEN (Emile), 26, rue Brunel, Paris............. 1
LEVI-ALVARES (Mme Albert), 62, rue Albert), Joly, Versailles.. 1
LEVY (Lucien), ingénieur civil des Mines, 97, rue de Courcelles, Paris............................ 1
LEVY (Emile), grand rabbin de Bayonne, villa des Platanes, Bayonne................................ 1
LEVY (Ernest), 65, cours de l'Intendance, Bordeaux 1
LIMONAIRE (F.), négociant, 9, rue Thiers, Bayonne 1
LOBIT (Dr), secrétaire de « Biarritz-Association », Biarritz.. 1
MAIGNAN (Albert), artiste peintre, 1, rue Labruyère, Paris... 1
MARCHAND (J.), propriétaire, Cambo............ 1
MARIN-MOLINAS, art. peintre, La Marnière, Biarritz 1
MAUMEJEAN, artiste verrier, 33, rue d'Espagne, Biarritz.. 1
MAY, artiste peintre, chalet Marie-Madeleine, avenue de la Négresse, Biarritz.................. 1
MAZE (Mme Emile), Garis, St-Etienne, Bayonne 1
MELIN (Paul), art. sculpteur, 30, avenue Malakof, Paris.. 1
MERE (Clément), art. peintre, 15, rue Froidvaux, Paris.. 1
MINVILLE, professeur, 12, rue Jacques Laffitte, Bayonne... 1
MOLINIE (Camille), Allées-Marines, Bayonne... 1
MONTENAT, directeur du Grand-Hôtel, Biarritz 1
MORVILLE (Edouard), 17, rue Port-Neuf, Bayonne 1
MOUNIER (F.), professeur au Lycée, Bayonne 1
MOUREU (F.), maire, Biarritz......................... 1

MOUSSEMPES (Gabriel), ingénieur céramiste, Biarritz 1
MOUSSIÈRE (A.), directeur de l'hôtel Biarritz-Salins, Biarritz.. 1
MOYSE (Maurice), administrateur chemin de fer B.-A.-B., 95, rue Jouffroy, Paris, Mont-Carmel, Bayonne.. 1
NICOLLE (Paul), villa Fleury, rue d'Espagne, Biarritz 1
NOVION (Louis), à la Mairie, Bayonne........... 1
NOUNEZ (Léon-Louis), rue Vainsot, Bayonne... 1
O'SHEA, président de la Société, r. de France, Biarritz 2
O'SHEA (Mme), id., id.. 1
OURY, artiste sculpteur-graveur, place de la Mairie, Biarritz.. 1
PALASSIE (Xavier), propriétaire, Cambo......... 1
PASCAU (Eugène), artiste peintre, 112, boulevard Malesherbes, Paris........................ 1
PASCAULT (Léon), 35, avenue de l'Opéra, Paris 1
PENALVER (Enrique DE), maison Lefèvre, Biarritz 1
PERIE (Georges), 1, place du Réduit, Bayonne 1
PERNETY (Vicomte DE), Haitzura, Biarritz...... 3
PERRET (Henri), rue Marengo, Bayonne........ 1
PERSONNAZ (Gabriel), négociant, Bayonne...... 1
PERSONNAZ (Mme G.), id., id........................ 1
PERSONNAZ (Antonin), 4, rue Ste-Cécile, Paris 1
PETIT (Charles), notaire, St-Jean-de-Luz......... 1
PEYTA (Barthélemy), Hôtel Continental, Biarritz 1
PLANTIE (Alphonse), rue Jacques Laffitte, Bayonne 1
POEYDEBASQUE, 9, rue Thiers, Bayonne...... 1
PORTO-RICHE (DE), Grand-Hôtel, Biarritz, 5, rue Scribe, Paris.. 2
PORTO-RICHE (Mlle), id., id........................ 1
POURQUIE (P.), chirurgien dentiste, 9, rue Thiers, Bayonne.. 1
POUZAC (Léo), maire, Bayonne........................ 1
POYLO (Jean), 3, rue St-Didier, Paris............ 1

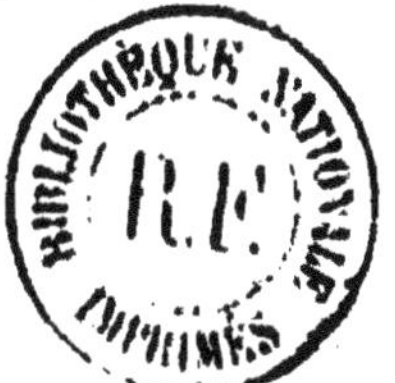

POYLO (Joseph), 3, rue Fourniel, Paris........... 1
RIBEAUX (Ed. DE), président de la Société, procureur de la République, Bayonne......... 2
ROBERT (V.), 18, rue du Château, Biarritz... 1
ROBY, art. peintre, 32, rue de l'Arbalète, Paris 1
RODRIGUES-ELY (Aug.), 1, place de la Liberté, Bayonne 1
RODRIGUES-ELY (Mme), id., id..................... 1
RODRIGUES-ELY (Mlle Emilie), id. id.............. 1
RODRIGUES-ELY (Camille), 2, boulevard Henri IV, Paris.. 1
ROSENFELD (Charles), boulevard Jean-d'Amou, Bayonne 1
ROSTAND (Ed.), membre de l'Académie Française, Cambo.. 1
ROTH (Gaston), rue Jacques Laffitte, Bayonne 1
ROUQUETTE (Alfred), 44, rue des Basques, Bayonne 1
ROUQUETTE (Mme), id., id......................... 1
RUSSEL (Comte Ferdinand DE), villa Christine, Biarritz 1
SAINT-GERMIER (Joseph), artiste peintre, 11, square de Messine, Paris........................ 1
ST-PÉ (Louis), maison Sault-Camp, St-Léon, Bayonne 1
SALANE (Henri), relieur, rue Jacques Laffitte, Bayonne 1
SALIÈRES (Joseph), rue Vainsot, Bayonne........ 1
SALIÈRES (Mme), id., id............................ 1
SALZÉDO (Albin), banquier, Bayonne........... 1
SALZÉDO (Raphaël), villa Martel, St-Esprit, Bayonne 1
SAUBÈS, art. peintre, 12, rue Cauchois, Paris 1
SAUBOT-DAMBORGÈS (Félix), avocat, ancien préfet, Biarritz.. 1
SERVAL, 23, rue Thiers, Bayonne.................. 1
SOULANGE-BODIN (André), art. peintre, avenue de la République, Biarritz.................. 1
SAUTET, professeur de réthorique au Lycée, Bayonne 1
SOULEZ-LACAZE (Albert), rue Thiers, Bayonne 1

SOURBE (Marcel), agent d'assurances, rue Gambetta, Bayonne.. 1
TAJAN (Alfred), rue d'Espagne, Bayonne......... 1
TRUBERT (M), secrétaire d'ambassade, Lapègue, St-Barthélémy (Landes)........................ 1
TURGY (baron DE), 18, rue du Château, Biarritz 1
VIGUERIE (Pierre), sous-préfet, Bayonne........ 1
VILLENEUVE, président du Tribunal, 2, rue Jacques Laffitte, Bayonne............................ 1
WEILLER (Emile), avoué, 28, rue Lormand, Bayonne 1
WEILLER (André), capitaine au 49e de ligne, 49e de ligne, Bayonne................................ 1
YTURBIDE (Pierre), 8, rue Lormand, Bayonne 1
ZO (H.-A.), art. peintre, 9, rue Falguière, Paris 1

MEMBRES SOUSCRIPTEURS

ADER (Henri), ingénieur des Ponts et Chaussées, Narbonne.. 1
ALAUX (G.), art. peintre, 31, boulevard Berthier, Paris.. 1
ALBERTI (Henri), art. peintre, 4, rue de Lota, Paris 1
ALBY (Jules), art. peintre, Damarie-les- Lys (Seine-et-Marne) 1
ASCOLI, sculpteur, 82, boulevard des Batignolles, Paris.. 1
AUDEBERT (Jean), artiste peintre, 35, rue Poissonnerie, Bayonne.................................... 1
BARILLOT (Léon), art. peintre, 20 bis, rue Demour, Paris.. 1
BARTHE (Xavier), sculpteur, 183, rue Lecourbe, Paris 1
BENOIT-LEVY, banquier, 67, avenue des Champs-Elysées, Paris.................................... 1
BENQUET, libraire, Biarritz.............................. 1

BENZIGER (A.), art. peintre, 8, rue Eugène Flachat, Paris.. 1
BISSON (Mme Juliette), art. sculp., 29, rue Condorcet, Paris.. 1
BORDENEUVE (Louis), art. peintre, 24, rue d'Osuna, Biarritz.. 1
BRISSAUD (Jacques), art. peintre, 5, rue Bonaparte, Paris.. 1
BURGGRAFT (Gaston DE), 13, avenue Frochot, Paris 1
CARTHENNE (Mlle Lucienne), art. peintre, Basses-Loges, à Avon (Seine-et-Marne).............. 1
CASTETS, à Mées (Landes)........................... 1
CAYRON (Jules), art. peintre, 31, boulevard Berthier, Paris.. 1
CHABANIAN (Ars.), art. peintre, 30, avenue Malakoff, Paris.. 1
CHANALEILLES (Gust.), art. peintre, 233, faubourg St-Honoré, Paris.............................. 1
CHÉRON, art. peintre, 1 bis, rue Eugène Flachat, Paris.. 1
CHRÉTIEN (R.), art. peintre, 11, avenue des Tilleuls, Paris.. 1
CRESWELL (Albert), art. peintre, 3, rue Pierre, Chausson, Paris.. 1
DAGNAC-RIVIÈRE (C.), art. peintre, 23, boulevard Pasteur, Paris.. 1
DAMBEZA (S.), art. peintre, 11, rue St-Simon, Paris 1
DANGOUMAU (Ed.), art. peintre, Biarritz......... 1
DARRICAU (Etienne), maire, Rivière.............. 1
DELAMARRE DE MONCHAUX (M.), art. peintre, 52, faubourg St-Honoré, Paris...................... 1
DELBROUCK (L.), art. peintre, 14, rue Fromentin, Paris.. 1
DENNERY (Gustave), art. peintre, 175, boulevard Pereire, Paris.. 1
DESCORPS (M. l'abbé), Baños, par Saint-Sever (Landes) 1
DIFFRE (Jean), art. peintre, 39, rue de Fleurance, Toulouse.. 1
DIFFRE (Mme Janie), id., id............................ 1

DOMENA, artiste peintre, 16, rue de Provence, Avignon 1
DONZEL (J.), art. peintre, 23, quai de l'Horloge, Paris.......... 1
DUCAZAU, ingénieur de la ville, Bayonne.......... 1
DUVERDIER (Alf.), villa Biarnès, route de Cambo, Bayonne.......... 1
ERNEST (Gaston), architecte, 72, rue de l'Assomption, Paris.......... 1
FAURE (Auguste), artiste peintre, Allées-Marines, Bayonne.......... 1
FAVIER (Eugène), artiste peintre, 20, rue de l'Odéon, Paris.......... 1
FELIX (Léon), artiste peintre, 88, boulevard Pereire, Paris.......... 1
FONTAN (A.), Le Houga (Gers).......... 1
FOURNIER (Paul), sculpteur, 4, rue Théodule Ribot, Paris.......... 1
FROMENT-MEURICE (Jacques), 38, rue Boileau, Paris.......... 1
GAGLIARDINI (G.) artiste peintre, 12, boulevard de Clichy, Paris.......... 1
GAY (Mlle Berthe), artiste peintre, 34, rue Notre-Dame-des-Champs, Paris.......... 1
GELIBERT (Gaston), artiste peintre, Châtillon-sous-Bagneux, Pavillon de Gerfaut.......... 1
GOHIER (F.), artiste peintre, 2, boulevard Pereire, Paris.......... 1
GRANDRY (Mme DE), château Gaillat, Bayonne.. 1
GRIMARD (A.), Douane de Bayonne.......... 1
GUIGNARD (G.), artiste peintre, 25, boulevard Berthier, Paris.......... 1
GUINDON (Marius), artiste peintre, 24, quai de la Rive-Neuve, Marseille.......... 1
GUILLONNET, artiste peintre, 60, boulevard de Clichy, Paris.......... 1
GUINIER (H.), artiste peintre, 6, avenue Frochot, Paris.......... 1
HARGOUS (P.), 3, rue du Port-Vieux, Biarritz 1
HERVÉ (P.), artiste peintre, 15, rue Hégésippe Moreau, Paris.......... 1

ISAILOFF, art. peintre, 25, quai de la Fraternité, Marseille.. 1

JAMET (Henri), artiste peintre, 60, boulevard de Clichy, Paris.. 1

JOUNCA (Madeleine), artiste peintre, villa Ugarte, Anglet.. 1

KIREEWSKI (Etienne), artiste peintre, 30, avenue Malakoff, Paris.. 1

LABASTIE (Henry), négociant, Bayonne.......... 1

LABAT (Eugène), artiste peintre, calle Alcala, Madrid.. 1

LABAT (Félix) fils, artiste peintre, calle Alcala, Madrid.. 1

LABAT (Jules), château de Grammont, Biarritz 1

LAPEYRE (Léo), Peyrehorade........................ 1

LARRALDE-DIUSTEGUY (H. DE), château d'Urtubie, Urrugne.. 1

LARREBAT-TUDOR, architecte, Biarritz........ 1

LAURENS (Jean-Pierre), artiste peintre, 9, rue Falguière, Paris.. 1

LAURENS (Albert), artiste peintre, 17, avenue de Tourville, Paris.. 1

LELIÈVRE (Eugène), art. stat., 12, rue de Belleyme, Paris.. 1

LECREUX (G.), 19, rue de Vintimille, Paris...... 1

LIGNIER, artiste peintre, 11, square de Messine, Paris.. 1

LINDEN (Gaston), artiste peintre, 3, rue de Bagneux, Paris.. 1

LUREAU (Mme), villa Juliette, Cambo.............. 1

MAGNE (M.), artiste peintre, 147, avenue de Villier, Paris.. 1

MASSON (Georges), artiste peintre, 2, rue de Lisbonne, Paris.. 1

MICHALSKI (Myrton), artiste peintre, 30, avenue Malakoff, Paris.. 1

MOISSET (M.), artiste peintre, 3, rue Vielle, Paris.. 1

MOLINE (G.), négociant, 89, rue Turbigo, Paris.. 1

NEYMARK, artiste peintre, 32, rue Notre-Dame-des-Victoires, Paris.. 1

PATOU (J.), Hôtel de Paris, Biarritz.................. 1
PÉRAUX (Lionel), aquarelliste, 81, avenue Malakoff, Paris.. 1
PICABIA (F.), 15, rue Hégésippe Moreau, Paris 1
PICHONNEAU (Elisabeth), artiste peintre, rue Tour-de-Sault, Bayonne.............................. 1
PUECH (G.), attaché au ministère des finances, 26, avenue Carnot, Paris.............................. 1
RACHOU (H.), artiste peintre, 49, rue Lemercier, Paris.. 1
RAPILLY (L.), artiste peintre, 44, rue Gay-Lussac, Paris.. 1
RAPHELL (Suzanne), artiste peintre, 5, rue Emile Allez, Paris.. 1
RAVANNE (G.), artiste peintre, 12, boulevard Pereire, Paris.. 1
RIBERA (P.), artiste peintre, 77, rue d'Amsterdam, Paris.. 1
RICHARD (Mme), artiste peintre, 36, avenue de Châtillon, Paris.. 1
RODRIGUES-ELY (Albin), artiste peintre, maison Fagalde, Cambo...................................... 1
ROYER (Henry), artiste peintre, 9, rue Bochard de Saron, Paris... 1
SABARROS (G.), rue Thiers, Bayonne.................. 1
SCHAFFNER (Hyp.), négociant, 39, avenue du Bois-de-Boulogne, Paris.................................. 1
SENS (Louis), place St-André, Bayonne............ 1
SON (Joannes), artiste peintre, 30, rue Fontaine, Paris.. 1
SOUILLET (G.), artiste peintre, 15, rue des Ursulines, Paris.. 1
SUREDA (André), artiste peintre, 95, r. de Vaugirard, Paris.. 1
SYNAVE (T.), artiste peintre, 34, rue du Mont-Cenis, Paris.. 1
TÉTARD (Henry), architecte, Biarritz.............. 1
THURNER (Gabriel), artiste peintre, 14, rue des Volontaires, Paris.................................... 1
TILLIER (Paul), artiste peintre, président de la Société française des Amis des Arts, 64, boulevard de Courcelles, Paris................................ 1

VASARRI (F.), artiste peintre, 14, rue Barbes, Courbevoie, près Paris.............................. 1
WEYRICK (Marie), artiste peintre, 1, cité Condorcet, Paris.. 1
YMART (Mme Marguerite), artiste peintre, 1, Allée du Busca, Toulouse.............................. 1

CATALOGUE

ABRÉVIATIONS

M. H.	Mention Honorable.
A. F.	Membre de la Société des Artistes Français.
N. B. A.	Membre de la Société des Beaux-Arts.
H. C.	Hors concours.
Sté	Membre de la Société des Amis des Arts de Bayonne-Biarritz.
G. C. ✻	Grand Croix de l'Ordre de la Légion d'Honneur.
G. O. ✻	Grand Officier — — —
C. ✻	Commandeur — — —
O. ✻	Officier — — —
✻	Chevalier — — —
Ⓘ I. P.	Officier de l'Instruction Publique.
Ⓘ	Officier d'Académie.

AVIS. — Pour tous renseignements concernant la vente des ouvrages exposés, prière de s'adresser au gardien de l'Exposition.

PEINTURE

AGUERREGARAY (Charles),
né à Bayonne, élève de M. Jolyet — avenue de la Négresse, Biarritz.

1 Vagues à Biarritz (Soleil couchant).
2 Entrée du port de Passages (Maison de Victor Hugo).
3 Marine (aquarelle).
4 Marine, id.

ALAUX (Guillaume),
né à Bordeaux (M. H.) (A. F.), S[re] (N. B. A.), membre du Jury, élève de Bonnat — 31, boulevard Berthier, Paris.

5 Lissage à terre (Effet de nuit au Cap Ferret).
6 Sardiniers, id., id.
7 Sardiniers (avant le flot).
8 Un frain (Golfe Juan).
7 Ouled si Naceur (Algérie).
10 A la Barre (pastel).
11 Sur la Plage, id.
12 El Kantara (Agérie).

ALBERTI (Henri),
né à Paris (M. H.) (A. F.), S[re], élève de MM. J. Lefebvre et L.-O. Merson — rue de Lota, Paris.

13 Panneau.
14 Les Trottins.
15 Femme en blanc.
16 Tête de femme.
17 L'Hiver.
18 Tête de femme aux fleurs jaunes.

ALBY (Jules),
né à Marseille (A. F.), S[re], élève de Cabanel — Dommary-les-Lys (Seine-et-Marne).

19 Les Cerises (aquarelle).
20 Chrysanthèmes, id.

ALCEDO (Antonia de Bañuelos Marquise d'),
né à Rome (A. F.), S[re], élève de Chaplin, méd. arg. Sal. de Madrid, villa Alcedo, Biarritz.

21 Portrait.
22 Portrait.
23 Portraits de mes filles.

ARCOS (Santiago), ✻
né à Santiago (M. H.) (A. F.) (N. B. A.), S[re], élève de Bonnat — Arcosenea, St-Jean-de-Luz.

24 « Ecce Homo ».
25 Ele alla crier famine.
26 L'attente.
27 Les Douaniers passent.
28 Retour de la Source.
29 Bohémienne (aquarelle).

AUDEBERT (Jean-Bertin),
né à Virelade (Gironde), élève des Beaux-Arts de Bordeaux — 35, rue Poissonnerie, Bayonne.

30 Roche de Basta, Biarritz.

BARILLOT (Léon), ✻
né à Montigny-les-Metz, **H. C.** (A. F.), S[re], méd. 2e cl., élève de Bonnat — 29 bis, rue Demours, Paris.

31 Dans la rosée.
32 Taureau échappé.

BENZIGER (A.),
né en Suisse (A. F.), S[re], élève de MM. Bouguereau, Bonnat et G. Ferrier — 8, rue Eug. Flachat, Paris.

33 Portrait de Mme M.
34 Portrait de Mme L.
35 Portrait de Mme B. et enfant.

BERGÈS (Georges),
né à Bayonne, membre de l'Institut, **H. C.**, élève de MM. Achille Zo, Albert Maignan et Bonnat — Bayonne.

36 Carmen (appartient à M. A. Gommès).
37 Procession aux flambeaux (Lourdes).
38 Portrait de Mme C.
39 Fillette à cheval.

BONNAT (Léon), ✱ G. C.
né à Bayonne, membre de l'Institut, **H. C.**, président d'honneur, élève de Léon Cogniet — 48, rue Bassano, Paris.

40 Portrait de Mlle Bréval.

BORDES (Ernest), ✱
né à Pau, **H. C.** (A. F.), Sre, méd. 2e cl., élève de MM. Cormon et Bonnat — 87, rue Ampère, Paris.

41 Portrait de Mlle M. R.
42 Portrait de Dame et enfants.
43 Portrait de Mlle J. F.

BRISSAUD (Jacques),
né à Paris (A. F.), Sre, élève de L.-O. Merson, 5, rue Bonaparte, Paris.

44 Marché aux chevaux (aquarelle).
45 Rendez-vous de chasse, id.
46 Rendez-vous de chasse, id.
47 La Course, id.
48 Le Padock de Pau (eau forte).
49 Le Cavalier, id.

BURDETT-MASON,
né à New-Haven, élève de Carvenalli, à Rome, Landouette, près Bayonne.

50 Portrait de Mme R.
51 Paysage de Bretagne.
52 En Hollande.
53 San Giorgio (Venise).

BURGGRAFFT (Gaston-Frédéric de),
né à Dublin (M. H.), méd. 3e cl. (A. F.), Sre, élève de Bernier Cormon — 13, avenue Frochot, Paris.

54 Fin de journée.
55 Chaland (Clair de lune).
56 Tristesse (Effet de neige).
57 Matinée, id.

CARO-DELVAILLE (Henry),
né à Bayonne, méd. 3e cl. (A. F.) (N. B. A.), élève de MM. Albert Maignan, Bonnat et Jolyet — 29, avenue Henri Martin, Paris.

58 Portrait de Mme M. et de sa petite fille.
59 La jeune servante.
60 Portrait de ma femme.

CATHENNE (Lucienne),
née à Paris (A. F.), Sre, élève de M. Charles Busson — Basses-Loges, à Avon (Seine-et-Marne).

61 Un torrent dans le Var.
62 Fin de journée d'hiver.

CAYRON (Jules),
né à Paris, méd. 3e cl. (A. F.), Sre, élève de MM. Alf. Stévens et Lefebvre — 31, boulevard Berthier, Paris.

63 La Convalescente.
64 Portrait.
65 Portrait.

CHABANIAN (Arsène),
né à Erzeronne (Turquie) (M. H) (A. F.), Sre. élève de Benjamin Constant et J.-P. Laurens — 30, avenue Malakoff, Paris.

66 Sur les bords de l'Océan.
67 Avant l'orage (pastel).
68 Falaise au Tréport, id.
69 Les laveuses à Cartret, id.
70 En pleine mer, id.
71 Soleil couchant à Berck, id.

CHANALEILLES (Gustave),
né à Barnas Ardèche) (N. B. A.), S^{re} — 233, faubourg St-Honoré, Paris.

72 Portrait de M. Pradal, sénateur (dans son cabinet de travail).
73 Vue du fort carré d'Antibes.
74 Portrait de M. Bonnefoy-Sibour (sénateur, président du Conseil général du Gard).
75 Un coin des environs de Paris.

CHÉRON (Olivier),
né à Soulagny (Calvados) (A. F.), S^{re}, élève de MM. Guillemet et Debrosses — 1 bis, rue Eugène Flachat, Paris.

76 Le Port Blanc, à Quiberon (Morbihan).
77 Camaret (Finistère).
78 Carteret (Manche).
79 Champ de repos à Lanterbrunen (Suisse).

CHRÉTIEN (René-Louis),
né à Choisy-le-Roi, méd. 2e cl., **H. C.** (A. F.), S^{re}, élève de Bonnat — 11, avenue des Tilleuls, Paris

80 Oignons blancs.
81 Fromage.
82 Oignons et pot d'étain.

COLIN (Gustave), ✻
né à Arras, **H. C.** (**A. F.**) (N. B. A.), S^{re}, élève de Couture — à Ciboure (Basses-Pyrénées) et 17, rue Victor Massé,, Paris.

83 Jeune Basquaise.
84 Fin d'été (Ciboure).

CORRÈGES (Ferdinand),
né à Bayonne, S^{re}, 8, rue Bourg-Neuf, Bayonne.

85 Vue de Socoa.
86 Une rue à Ciboure.
87 Le Pont suspendu à Cambo.
88 Une rue à Cambo.

CRESWEL (Albert),
né à Paris, méd. 3e cl. (A. F.), Sre, élève de MM. Boulanger, Jules Lefebvre et L.-O. Merson — 3, rue Pierre Chausson, Paris.

89 Soubrette Louis XV.
90 Coucher de soleil.
91 Danseuse espagnole.
92 Jeune fille aux chrysanthèmes.
93 Paysage.
94 Chanson des rues.

DAGNAC-RIVIÈRE (Charles-Henri-Gaston),
né à Paris (S. N. B.), Sre — 23, boulevard Pasteur, Paris.

95 Marchands de Tapis (Tanger).
96 Marché arabe.
97 Fontaine arabe.
98 Alger.
99 Un rio à Venise.
100 Mélodie arabe.
101 Barques de pêche (monotype en couleur), épreuve unique.
102 Maisons à St-Guénoli, id., id.
103 Port de St-Guénoli (monotype en noir), id.
104 Porte de Tanger (monotype en couleur), id.
105 Oued Bou-Saâda, laveuses, id., id.
106 Le Soko de Tanger, id., id.

DANGOUMAU (Edmond),
né à Orthez, élève de M. Achille Zo, Sre.

107 Nature morte.
108 Paysage des environs de Biarritz.
109 Rochers à Biarritz.
110 Champignons.
111 Sous bois (Bois de Boulogne, à Biarritz).
112 Les Pins.

DAMBEZA (Léon),
né à Paris (M. H.), méd. 2e cl., H. C. (A. F.), Sre, élève de MM. J. Lefebvre, Harpignies, Henri Lévy — 11, rue St-Simon, Paris.

113 Crépuscule.
114 Soir d'été.
115 Jour d'orage.
116 Inondation.
117 Le Vallon de l'Automne.

DAMPIER-MAY,
né à Londres, Sre, élève de la «Royal Académie», de Londres — maison Marie-Madeleine, avenue de la Négresse, Biarritz.

118 Enfance.

DELAMARRE DE MONCHAUX (Marcel),
né à Paris (A. F.), Sre, élève de J. Triquet — 52, faubourg St-Honoré, Paris.

119 La lettre.
120 Repas de pauvres gens (dessin).
121 La tasse de thé (dessin).

DELBROUCK (Louis),
né à Paris (A. F.), Sre, élève de Thomas — 14, rue Fromentin, Paris.

122 Au Soir (Ste-Aulde).
123 La Vieille-Rue, id.
124 Reflets du couchant.
125 Brumes d'automne.

DENNERY (Gustave),
né à Paris (M. H.) (A. F.), Sre, élève de Cormon — 175, boulevard Pereire, Paris.

126 Intérieur de Tisserand (Bretagne).
127 La Ville close au coucher du soleil (Concarneau).
128 Coucher de soleil.
129 Le petit déjeuner.
130 Une vieille rue (pastel).
131 La Seine à Porte-Joie, id.
132 Un coin de la plaine à Andé, id.

DIFFRE (Janie),
39, rue de Fleurance, Toulouse.

133 Bords de la Petite Garonne.

DIFFRE (Jean),
élève de M. Raphaël Colin — 39, rue de Fleurance, Toulouse.

134 Vieux mendiant.
135 Le Flamenco.

DOMENA (J.-E.-E.),
né à Céret (Pyrénées-Orientales) — 16, rue de Provence, Avignon.

136 Quatre études de la côte entre Hyères
137 et St-Raphaël.
138 Le soir (Environs d'Hyères).

DONZEL (Jules-Joseph),
né à Paris (A. F.), S[re], élève de son père et de M. Z. Vimont — 23, quai de l'Horloge, Paris.

139 Vieilles maisons (Jura).
140 Le Village de Mouthier (Doubs).
141 Un chemin à Mouthier, id.
142 Fin de journée à Jouy-le-Comte Seine-et-Oise).
143 Un coin de Suresne (Seine).
144 Temps d'orage à Champagne (Seine-et-Oise).

ETCHEVERRY (Denis)
né à Bayonne, méd. 2e cl., **H. C.** (A. F.), S[re], élève de MM. Achille Zo, Bonnat et Alb. Maignan — 9, rue Falguière, Paris.

145 Vertige (réduction du Salon de 1903), appartient à M. A. Gommès.
146 Portrait de M. G. P., apartient à M. Géo. Plisson.
147 Jeune fille à la rose, appartient à M. J. Poylo.
148 La Plage (Pochade).
149 Sous le parasol, id.
Coin de parc, id.

ERNEST (Maximilien-Gaston-Paul),
né à Paris (A. F.), (M. H.), S^re, membre de l'Institut, élève de Ginain — 72, rue de l'Assomption, Paris.

151 Abbaye à St-Jean-des-Vignes (aquarelle).
152 Ruines de l'Abbaye de Longpont.

FAURE (Auguste),
né à Bayonne, S^re, élève de M. Jolyet — Allées-Marines, Bayonne.

153 Abandonné (Environs de Bayonne).
154 Coin d'atelier.
155 Nature morte (étude).

FAVIER (Eugène),
né à Paris (M. H.) (A. F.), S^re, élève de Gérôme — 20, rue de l'Odéon, Paris.

156 Un vieux retraité.
157 Intérieur breton.
158 Jeunesse.
159 Dessous roses.
160 Liseuse (pastel).
161 Demi-sommeil, id.

FÉLICE (Mlle Marguerite de),
née à Sainte-Foy (Gironde) (N. B. A.), élève de Mlles Molliet, Lévy Bhurner et Marguerite Carrière — 6, rue Barenne, Bordeaux.

162 Bouquet d'orchidées.
163 Le Collier (pastel).
164 Dans les ronces, id.

FÉLIX (Léon),
né à Périgueux (N. B. A.), méd. 3e cl. (A. F.), S^re, élève de Bonnat — 88, boulevard Pereire, Paris.

165 Une nuit dans un cimetière de campagne.
166 Une après-midi d'hiver (Jardin des Tuileries).
167 Les Petites Dalles.
168 Vieilles gens, vieilles maisons.

FONTAN (Augustin-Joseph),
né à Magnan (Gers) (A. F.), Sre ,élève de Carolus Duran — Le Houga (Gers).

169 Portrait de M. P. Lacome d'Estaleux.
170 Portrait de Mme T. Lagarousse.
171 Portrait de Mlle G. Vasillière.
172 Nature morte.

FONTAN (Edmond),
né à Bordeaux (A. F.) (N. B. A.) — 21, rue d'Arcachon, Bordeaux.

173 Sous bois en hiver (matin) (aquarelle).
174 Un coin de la côte près Biarritz, id.

GAGLIARDINI (Julien-Gustave), ✻
né à Mulhouse, méd. 2e cl., H. C. (A. F.), Sre — 12, boulevard de Clichy, Paris.

175 Route de Provence.
176 « Le Cafetoun » sous les platanes (Provence).
177 Eglise à Martigues.
178 Laveuse au bord du lac majeur, à Stresa.

GARAY (Mlle Marie),
née à Bayonne (A. F.), Sre — Bayonne.

179 Femmes à l'église (Pays Basque).
180 Cour d'église (Pays Basque), appartient à M. Eug. Pascau.
181 Etude.

GARAY (Louise),
née à Bayonne (A. F), élève de Mlle Marie Garay, Bayonne.

182 L'île Ste-Marguerite en mai (aquarelle).

GAY (Mlle Berthe),
née à Paris (A. F.), Sre, élève de Charles Thomas — 34, rue Notre-Dame-des-Petits-Champs, Paris.

183 L'île Ste-Marguerite en mai (aquarelle).

GÉLIBERT (Jules-Bertrand),
né à Bagnères-deBigorre, H. C., méd. 2e cl. (A. F.) — à Labarthe-de-Neste (Hautes-Pyrénées) et villa Saint-Hubert, Capbreton.

184 Arrêt sur une caille.
185 Au Pays Landais (près Cap-Breton).
186 Etude.

GÉLIBERT (Gaston),
né à Bagnères-de-Bigorre (A. F.), Sre, élève de son père — à Châtillon-sur-Bagneux (Seine), pavillon de Gerfaut.

187 Atelier de Jules Gélibert (villa des Grand-Chênes), Labarthe de Neste (aquarelle).
188 Le Cabaret de Toutous (Fox-Houds).
189 Les Mouettes (marée montante) (aquarelle).

GOHIER (Félix),
né à Paris, méd. 2e cl., H. C. (A. F.), Sre, élève de 2, boulevard Pereire, Paris.

190 Environs d'Antibes (Alpes-Maritimes).
191 Coucher de soleil (Juan-les-Pins, Alpes-Maritimes).

GRIMARD (André),
né à Bayonne, Sre — 61, rue Bourg-Neuf, Bayonne.

192 Vallée de la Têt (Pyrénées-Orientales) (aquarelle).
193 A Elue, id., id.
194 Coucher de soleil à Biarritz, id.
195 Temps gris (Chambre-d'Amour), id.
196 Au Luxembourg, id.
197 Le Quai aux Fleurs (Paris), id.
198 Port des Pêcheurs, Biarritz, id.

GUIGNARD (Gaston),
né à Bordeaux, méd. 2e cl., H. C. (A. F.), Sre, (N. B. A.) — 25, boulevard Berthier, Paris.

199 La nuit.
200 Troupeau dans la dune.

GUILLONNET (Oct.),
né à Paris, méd. 2e cl., H. C. (A. F.), Sre, élève de Cormon, — 60, boulevard de Clichy, Paris.

201 Secte des Aïssaouas (danse du feu à Alger).

GUINDON (Marius),
né à Moizellé (A. F.), Sre, élève de M. E. Louban — 24, quai de la Rive-Neuve, Marseille.

202 Intérieur d'une auberge (Provence).
203 Printemps.

GUINIER (Henri),
né à Paris, méd. 2e cl., H. C. (A. F.), Sre, élève de Benjamin Constant et Jules Lefebvre — 6, avenue Frochot, Paris.

204 Femme coiffée de Tournesols.
205 Fille de Bréhat.

HAQUETTE (Georges),
né à Paris, méd. 2e cl., H. C. (A. F). élève de M. Cabanel — 12, boulevard de Villiers, Neuilly-sur-Seine.

206 Famille de pêcheurs (à la Jetée).
207 Quittant le lieu de pêche (à la Jetée).

HERVÉ (Gabriel),
né à Bonnes (Charente) (A. F.) Sre, élève de M. Umbricht — 15, rue Hégésippe Moreau, Paris.

208 Coquetterie (étude de nu).

HUDELIST (Mme Marthe),
née à Paris, Sr, élève de Joachim Sarolla y Bastido — Villa Belmont, Biarritz.

209 Jeune fille à la fenêtre.
210 Vallée du Drac (Dauphiné).
211 La côte des Basques (Biarritz).

HUGUES (Georges),
née à Montauban, Sr, élève de M. Fournier — Bayonne.

212 Effet de lune (marée basse).
213 Etudes marines.

ISAILOFF (Alex.),
né à Marseille (A.F.), Sr, élève de M. Régnier et de l'École des Beaux-Arts — 25, quai de la Fraternité, Marseille.

214 Ourssinade.
215 Sous bois, à Luynes.
216 Le Prado (effet de brume) (étude).

JAMET (Henri),
né à Gien (M. H.) (A. F.), Sr, élève de Gérôme et Harpignies — 60, boulevard de Clichy, Paris.

217 Rue de village, le soir.
218 La crypte de l'église de Gargilesse.
219 Après l'accident.
220 Lever de lune.
221 Intérieur Berrichon (le Berceau).
222 Intérieur Berrichon (la Toilette).
223 La montée de l'église (dessin).
224 Tête d'étude, id.
225 Le gros nuage, id.
226 La place à Gargilesse, id.
227 Fin de saison, id.
228 Le chemin creux, id.

JOLYET (Philippe),
né à Pierre (Saône-et-Loire) (M. H.) (A. F.), S^re^, élève de Léon Cogniet — 6, rue Thiers, Bayonne.

229 Présomption.
230 Les deux amis.
231 Portrait (pastel).
232 Portrait, id.
233 Portrait, id.
234 Etude de fleurs.

JOUNCA (Mlle Madeleine),
née à Bayonne, S^re^, élève de M. Jolyet — Villa Ugarte, Anglet.

235 Atelier de M. Jolyet.
236 Enfant avec une fronde (gouache).

JUNQUET (Léon-Charles d'Enbyssac),
né à Nay (Basses-Pyrénées), art. indép., S^te^, élève de Bouguereau — 74, boulevard Pereire, Paris.

237 Le calme religieux et recuilli des champs.
238 Le matin de la bataille de Craonne (1814).
239 En vigie.
240 Nostalgie.
241 Episode de la vie militaire des généraux de Custine et Gouvion St-Cyr à l'armée du Rhin (Révolution Française).

Tout homme dans sa vie un jour voit la fortune
De son doigt le venir effleurer en passant ;
C'est à lui de comprendre en cette heure opportune
Tout ce que lui promet ce geste caressant.

KIREEVSKI (Etienne),
né à Maison-Lafitte (Seine-et-Oise), S^re^, élève de Bonnat — 30, avenue Malakoff, Paris.

242 Impéria.
243 Doux parfum.

LABAT (Eugène),
né à Bayonne, S[re], élève de Manuel Ramirez — Biarritz.

244 Marine.
245 Portrait de femme.

LABAT (Félix),
né à Bayonne, S[re], élève de Manuel Ramirez — Madrid.

246 Paysage (environ de Cordoue).

LAPARRA (William),
né à Bordeaux, Prix de Rome 1898, méd. 2e cl. (A. F.), H. C., S[re], élève de J. Lefebvre, Bouguereau et Tony-Robert Fleury — 17, avenue de Tourville, Paris.

247 Un coin de Venise.
248 Intérieur de la Seo (Saragosse).

LAURENS (Paul-Albert),
né à Paris, méd. 1re cl., H. C. (A. F.) (N. B. A.), associé, S[re], élève de Cormon — 17, avenue de Tourville, Paris.

249 Joueuse de balles.
250 Jeu de balle.
251 Esquisse pour une Sapho.
252 Petit canal à Venise.
253 Canal à Venise.

LAURENS (Jean-Pierre),
né à Paris, méd. 3e cl. (A. F.) (N. B. A.), associé, S[re], élève de Bonnat, 9, rue Falguière, Paris.

254 Bateau de pêche.
255 Un vieux matelot.
256 La plage (Yport).
257 Cabestan.
258 Etude de barque.

LECREUX (Gaston),
né à Paris (A. F.) (M. H.), S[te] — 19, rue de Vintimille, Paris.

259 Anémones.
260 Tulipes.
261 Fruits.
262 Raisins (aquarelle).

LIGNIER (James),
né à Aignay-le-Duc (M. H.) (A. F.) (N. B. A.), S[re], élève de Cabanel — 11, square de Messine, Paris.

263 Un berger.
264 Une vieille.

LIZAL Alex.),
né à Dax (A. F.), élève de MM. Gérôme, Alb. Maignan et Achille Zo — 32, rue Gabrielle, Paris.

265 Soir d'automne (les Meules).
266 Soir de septembre.

MAGNE (Marcel),
né à Paris, S[re], élève de Luc-Olivier Merson, —147, avenue de Villiers, Paris.

267 La Seine au pont de l'Arche.
268 Les remparts d'Aigues-Mortes.
269 Les remparts d'Aigues-Mortes (effet gris).
270 Le soir à Aigues-Mortes.
271 Les ruines du Théâtre d'Arles.
272 La pointe du Raz (aquarelle).
273 La grande côte au Croisic, id.

MARIN-MOLINAS (Adolfo),
né à Porto-Rico, S[re], élève de l'Académie des Beaux-Arts de Madrid — La Marnière, Biarritz.

274 Extase.
275 A l'atelier.

MASSON (Georges),
né à Etretat (A. F.), S[re], élève de Bonnat et Maignan — 12, boulevard Pereire, Paris.

276 Portrait de M. P. L.
277 Matin de fête à Passages.
278 Vallée de la Nive à Cambo.
279 Vieille maison à Ciboure.
280 Un coin à Guéthary.

MICHALSKI (Myrton),
né en Pologne (N. B. A.), S[re], élève de Carolus Duran — 30, avenue Malakoff, Paris.

281 Portrait du prince D. L.
282 Réflexion.
283 Tête de femme (profil de Finlandaise).
284 Tête d'étude.
285 Tête de vieillard (étude).

MORIN (Ismaël),
né à Lisieux (A. F.), élève de Tuqueti et Lequien — 11, rue de Torre, Mont-de-Marsan.

286 Portrait de Mr M. (pastel).

MOISSET (Maurice),
né à Paris (M. H.) méd. 2e cl. (A. F.), S[re] — 3, rue Viette, Paris.

287 Le quai des St-Pères, à Paris.
288 Lever du jour dans les étangs de Billancourt.
289 La Seine à Dennemont.
290 Premières communiantes à Septeuil.
291 Coucher de soleil (pochade).
292 L'avenue de Villiers, à Paris.

NEYMARK (Gustave),
né à Poitiers (M. H.) (A. F.), S[re], élève de Bonnat —32, rue Notre-Dame-des-Victoires, Paris.

293 Entrée de l'avenue Victor Hugo (Paris).
294 Les Champs-Elysées (Paris).

PERAUX (Lionel),
(A. F.), Sre — 81, avenue Malakoff, Paris.
295 Aquarelle.
296 Aquarelle.

PASCAU (Eugène),
né à Bayonne (M. H.) (A. F.), Sre, élève de MM. Jolyet et Bonnat — 112, boulevard Malesherbes, Paris.
297 Portrait de M. Jean Rostand.
298 Portrait de Mme H. L.
299 Portrait de M. Ed. Rostand (appartient à M. Ed. Rostand).
300 Willy et Colette (appartient à M. Henry Gauthiers-Villars).
301 Portrait de M. Ed. Rostand (dessin).
302 Portrait de M. le Professeur Grancher (dessin).
303 Portrait de Mlle Colette Leuba, id.
304 Portrait de M. et Mme Louis Labat, id.
305 Portrait de M. Louis Labat, id.
306 Portrait de Mlle Marie Garay, id.

PICABIA (Francis),
né à Paris (A. F.), Sre, élève de Cormon, Humbert et Vallet — 15, rue Hégésippe Moreau, Paris.
307 Le lavoir.
308 Les vieux moulins de Moret.

PICHONNEAU (Mlle Elisabeth),
née à Bayonne, élève de M. Jolyet — 14, rue Tour-de-Sault, Bayonne.
309 Petite coquette.

PREVOT (Jules-Armand), ※
architecte, né à Bordeaux (A. F.) — 1, rue Beaudabat, Bordeaux.
310 Défroques.
311 Une rue à Tunis.
312 Portique d'Octavie (Rome) (aquarelle).
313 Porte du peuple (Rome), id.
314 Temple de la fortune virile, id.
315 Aqueducs de Claude et de Sixte V (Rome) (aquarelle).

RACHOU (Henri), ※
né à Toulouse, méd. 2e cl. (A. F.), Sre, H. C. (N. B. A.), élève de Bonnat — 49, rue Lemercier, Paris.
316 Le duc de Normandie.
317 Nature morte.
318 Nature morte.
319 Nature morte.
320 Nature morte.

RAPILLY (Léon) ✿
né à Paris (A. F.) Sre, élève de Paul Schmidt — 44, rue Gay-Lussac, Paris.
321 Un tournant de la Nive à Cambo.
322 Le chêne penché et la halte de Cambo-les-Thermes.
323 Bords de la Somme.

RAVANNE (Gustave), ※
né à Meulan (Seine-et-Oise), méd. 2e cl. (A. F.), H. C., Sre, élève de Bonnat, Busson, Cormon — 12, boulevard Pereire, Paris.
324 Embarquement avant le grain.
325 Barques à marée basse.
326 Retour de la mer (le soir).
327 L'Adour et la Nive (appartient au Musée de Bayonne).

RIBERA (Pierre), ※
(M. H.) (A. F.), Sre, élève de Bonnat — 77, rue d'Amsterdam, Paris.
328 Marchande de grenades.
329 Cantaora (chanteuse flamenca).
330 Tête de femme.

ROBY (Gabriel),
né à Bayonne (A. F.) (N. B. A.), art. indép., S^te, élève de Jolyet et Bonnat — 32, rue de l'Arbalète, Paris.
331 Le Baïgura (Bidarray).
332 Les trois couronnes (Urrugne).
333 Intérieur, id.
334 Cuisine, id.
335 Notre-Dame et Pont-St-Michel.
336 Les peupliers (Urrugne).

RODRIGUES-ELY (Albin),
né à Marseille, S^te — maison Fagalde, Cambo.
337 La Grotte de Saint-Briac (Ille-et-Vilaine).
338 La Falaise de St-Jouin (près d'Etretat.

ROYER (Henri), ✻
né à Nancy, méd. 2e cl., **H. C.** (A. F.), Prix national, S^te, élève de MM. J. Lefebvre et Flémeng, — 9, rue Bochard de Saron, Paris.
339 Tête d'étude.

SAINT-GERMIER (Joseph), ✻
né à Toulouse, méd. 2e cl., **H. C.** (A. F.), S^te, élève de M. Cabanel — 11, square de Messine, Paris.
340 Intérieur arabe à Biskra.
341 Petit canal à Venise.
342 Intérieur arabe à Biskra.
343 Petit canal à Venise.
344 Petit canal à Venise.
345 Petit canal à Venise.

SALIÈRE (Mme Marie),
née à Bayonne (A. F.), S^te, élève de Luc-Olivier Merson, Grasset et Fierard — 8, rue Vainsot, Bayonne.
346 Portrait de M. S.

SAUBÈS (Daniel-Léon), ✻
né à Guiche méd. 2e cl., **H. C.** (A. F), S^te, élève de Bonnat — 15, rue Cauchois, Paris.
347 La Dame à l'éventail.

SON (Johanès), I. P.
né à Lyon (A. F.), S^re^, élève de Edmond Yon — 30, rue Fontaine, Paris.

348 Matin au bord du Suran.
349 Vue de Villefranche-sur-Mer.
350 Le Brescon aux Martigues.
351 Vue de Dordrech (Hollande).
352 Le soir à Morsalines (Manche) (pastel).
353 Le Pont-Neuf le soir, à Paris (pastel).

SOUILLET (Georges-François),
né à Tours (N. B. A.), S^re^, élève de Cabanel — 15, rue des Ursulines, Paris.

354 Pont de Mantes (matinée d'été).
355 Port de Pornic.
356 Estacade à Anvers.
357 Un coin de port.
358 Laveuses sur l'Erdre.

SUREDA (André),
(A. F.), S^re^ — 95, rue de Vaugirard, Paris.

359 Cigarières de Séville.
360 Marché de Furnes (Belgique) (aquarelle).
361 Canal de Bergues (Nord).
362 Bergues (Nord.
363 Orage à Paris.
364 Sortie du Salut (Furnes).
365 Notre-Dame de Paris.

SYNAVE (Tancrède),
né à Paris, méd. 3e cl. (A. F.), S^re^, élève de Benjamin Constant, J. Lefebvre et G. Ferrier — 34, rue du Mont-Cenis, Paris.

366 Parisienne (Bois de Boulogne).
367 Aux Champs-Elysées.
368 Sous l'ombrage (Champs-Elysées).
369 Les mauves.

THURNER (Gabriel),
né à Mulhouse, méd. 2e cl., H. C. (A. F.), Sre, élève de Chabol — 14, rue des Volontaires, Paris.

370 La jeune mère (intérieur breton).
371 L'heure du thé dans mon atelier.
372 En hiver (Ellebores).
373 Rose noisettes.
374 Fruits de Mirabelles.
375 Raisins.
376 Ma chasse (pastel).

TILLIER (Paul),
né à Bompère (Vendée) (A. F.), Sre, élève de Léon Cogniet — 64, boulevard de Courcelles, Paris.

377 Lydia.
378 Malicieuse.

TURGY (Paul Baron de),
né à Metz (A. F.), Sre, élève de J. Lefebvre et Robert Fleury — 18, rue du Château, Biarritz.

379 Les Chrysanthèmes.
380 Etude de Tamaris.
381 Etude de nu.

VASARRI Emilio)
né à Montevarchi (Italie) — 12, rue Barbès, Courbevoie (Seine).

382 Fête nuptiale.
383 Les médisantes.
384 Le premier poisson.
385 Sur les écueils.
386 Causerie sur l'herbe.

VÉRITÉ (Lucien-Henri),
né à Neuilly-sur-Seine (A. F.), élève de MM. Zo, Benjamin Constant et Cormon — 46, rue Gassies, Pau.

387 Le lycée de Pau.

WEYRICH (Mlle Marie),
née à Poitiers, Sre, élève de Gustave Colin — 1, cité Condorcet, Paris.

388 Rose d'hiver.
389 Feuilles d'automne.

YMART (Mme Marguerite),
née à Castres, Sre — 3, Allées du Bousca, Toulouse.

390 Etude de Dahlias.
391 Oranges et fleurs.
392 Etude de poulets.
393 Phlox.
394 Chrysanthèmes.
395 Capucines.

ZO (Henri-Achille),
né à Bayonne, méd. 2e cl., **H. C.** (A. F.), Sre, élève de Achille Zo, Bonnat et Maignan — 9, rue Falguière, Paris.

396 La bonne estocade (esquisse).
397 Le pont d'Alcantara (Tolède), appartient à M. J. Poylo.
399 Jardin de l'Alcazar (Séville).
400 Prélude.
401 Le pont San Martino (Tolède).
402 Colombine.

SCULPTURE

ASCOLI (Joseph),
né à Epernay (M. H.) (A. F.), S^re, élève de Chapu — 82, boulevard des Batignolles, P. is.

403 Pedro, pêcheur du lac majeur (buste en étain).
404 Le lion de Lucerne (d'après Thouwalsen), encrier de bronze.
405 Gringoire (statuette bronze).

BARTHE (Xavier),
né à La Selve, méd. 3e cl. (A. F.), S^re, élève de Puech et Mercier — 183, rue Lecourbe, Paris.

406 Le Printemps (buste marbre).

BENOIT-LÉVY (Albert),
né à Paris (M. H.) (A. F.), S^re, élève de M. Leroux — 30, avenue, Malakoff, Paris.

407 L'abandonnée (plâtre).
408 Portrait de Mme D. (statuette bronze).

BISSON (Mme Juliette),
née à Chatou (A. F.) (M. H.), S^re, élève de Guilbert — 98, boulevard des Batignolles, Paris.

409 Acrobate (statuette bronze).
410 Madame Diogène (statuette bronze, lampe électrique).

FERNANDEZ-PATTO (Lucien),
né à Paris (A. F.), S^re, élève de Paul Mélin — 30, avenue Malakoff, Paris.

411 Le Progrès triomphant de la routine (plâtre).
412 Charmeuse de serpents (plâtre).
413 Charybde (statuette marbre et bronze).
414 L'Echo (statuette marbre).
415 Paysan Bayonnais (plâtre, étude).
416 L'ouragan.

FOURNIER (Paul),
né à Paris (M. H.) (A. F.), S[re], élève de Falguière — 4, rue Théodule Ribot, Paris.

417 Tentation (groupe en bronze).

FROMENT-MEURICE (Jacques), ✿
né à Paris (N. B. A.) (M. H.), méd. or (G. U.), (A. F.), S[re], élève de Zo, Chapu et M. Patey — 15, Hameau Boileau, Paris.

418 Primavera (statuette plâtre), moulage
419 sur un marbre.
420 Cheval de manœuvre de la Cie P.-L.-M.
421 (haut relief bronze et pierre).
422 Côtier (cheval de renfort de la Cie des
423 Omnibus) (statuette bronze).
424 Le Dieu des Forgerons (marteau de
425 porte) (bronze).
426 Jeune chienne Bull-Terrier anglaise (grès de Bigot).
427 Masque de vieillard (grès de Bigot).

MELIN (Paul),
né à Fontainebleau, méd. 2e cl. (A. F.) (N. B. A.), associé, S[re] — 30, avenue Malakoff, Paris.

428 Dante (plâtre original).
429 Au haut fourneau, Le Boucau (plâtre original).
430 Joueur de pelote (épreuve).
431 Joueur de pelote (épreuve).

MORIN (Ismaël),
né à Lisieux (A. F.), élève de Tuqueti et Lequien 11, rue de Torre, Mont-de-Marsan.

432 Portrait du Docteur Daraignez (buste plâtre).

OURY (Louis), ✪
né à Montauban (A. F.) (M. H.), Sr, élève de Chapu — place de la Mairie, Biarritz.

433 Buste de M. Gaillard, directeur de l'Opéra.
434 Buste de Mme la Comtesse de P.
435 L'Aiglon.

RAPHAELL (Mme Suzanne),
née à Paris, Sre, élève de Théodore Rivière — 5, rue Emile Allez, Paris.

436 L'âme de la Pierre (marbre).
337 Etude de lutteurs (plâtre, repon en bronze).
438 Bacchante (presse-papier bronze doré et onyx).

ARCHITECTURE

ERNEST (Gaston),
né à Paris (A. F.) (M. H.), S^re^, membre de l'Institut, élève de Ginain — 72, rue de l'Université, Paris.

439 Un cottage.
440 Un cottage.

Arts Décoratifs et Objets d'Art

FÉLICE (Marguerite de),
né à Foy (Gironde) (N. B. A.), N. B. A.), élève Mlle Molliet, M. Lévy, Dhurner et Carrière.

441 Boîte à gants eucalyptus (cuir repoussé).
442 Boîte ronde roses de Noël. id.
443 Buvard fleurs d'arbres, id.
444 Cadre crocus, id.
445 Boîte à poudre grenouille, id.

CLÉMENT-MÈRE et FRANTZ-WALDRAFF,
15, rue Froidvaux, Paris.
446 Objets d'art.

LAFITTE et DAUSSAT (Mme et Mlle),
nées à Bayonne — 4, rue Cavallotti, Paris.

447 Silhouettes parisiennes.

LELIÈVRE (E.),
né à Paris (A. F.), S^{re}, méd. 1902 arts décoratifs, élève de MM. Mitteunoof et Ph. May — 12, rue Dehelheyme, Paris.

448 Vase femme bronze.
449 Petit vase cardan (bronze doré).
450 Vase artichaut.
451 Vase plume de paon grès argent et pierreries.
452 Vide-poche (La Vague) argent et bronze.
453 Vase clair de lune (bronze doré).
Bijoux :
454 Broche ombelle or et pierreries.
455 Broche femme or et émaux.
456 Broche enfant lizard argent.
457 Petite boîte bijoux (bois et argent).
458 Boucle de ceinture orphir argent).
459 Boucle de ceinture (aiglon argent ivoire).

MAUMÉJEAN (J.),
3, rue d'Espagne, Biarritz.

460 Vitrail religieux.

OURY (Louis), ✿
né à Montauban (A. F.), S^{re}.

461 Bijoux.

SALIÈRES (Mme Marie),
née à Bayonne (A. F.), S^{re}, élève de Luc-Olivier Merson, Grasset et Fierard — 8, rue Vainsot, Bayonne.

462 Paravent (cuir repoussé et incisé aux acides et teinté).

VÉRITÉ (Lucien-Henri),
né à Neuilly (Seine) (A. F.), élève de Zo, Benjamin Constant et Cormon — 46, rue Gassies, Pau.

463 Tête bysantine (cuir repoussé et teint).
464 Ecran de feu (cuir repoussé).

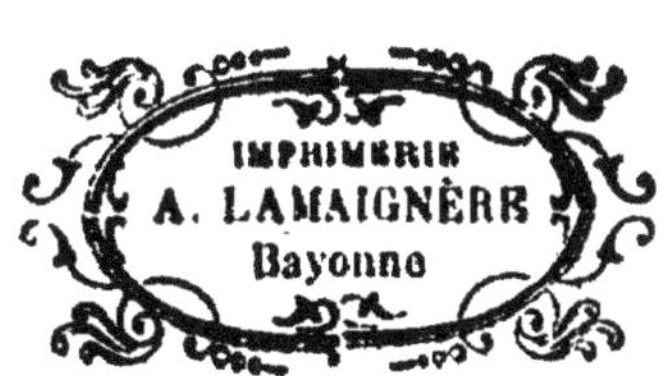
IMPRIMERIE
A. LAMAIGNÈRE
Bayonne

www.ingramcontent.com/pod-product-compliance
Ingram Content Group UK Ltd.
Pitfield, Milton Keynes, MK11 3LW, UK
UKHW020402220726
13923UKWH00004B/1683